AF237404

Therapie unter der Lupe

Von Tara Lichtkeimer

Buchbeschreibung:

Manchmal haben wir Vorurteile. Doch sind diese Vorurteile wirklich eine tiefe Überzeugung? Oder nur ein Konstrukt, um uns nicht mit uns selbst beschäftigen zu müssen?

Was verstehen wir denn unter Therapie? Und was davon entspricht deiner Wirklichkeit?

Manchmal braucht es ein Gespräch von Mensch zu Mensch. Und dazu möchte ich dich hiermit gerne einladen.

Therapie unter der Lupe

Von Tara Lichtkeimer

Deutsche Erstausgabe im Juli 2020

© 2020 Tara Lichtkeimer

Cover und Illustration: Katrin Minert

Der Inhalt beruht auf eigenen Erfahrungswerten
und Erlebnissen.

Herstellung und Verlag:

BoD – Books on Demand, Norderstedt

ISBN: 9783751952828

»Wahrlich, keiner ist weise,
der nicht das Dunkel kennt.«
- Hermann Hesse

Einfach mal ein Gespräch.
Von Mensch zu Mensch.

Vorwort

Schön dass du da bist.

Dieses Buch ist kein klassischer Ratgeber. Es soll einfach nur die Vielzahl an Möglichkeiten, die wir alle haben, aufzeigen und auf entspannte Weise Mut machen.

Ich wünsche mir, dass dir dieses Buch bei der Wegentscheidung eine Unterstützung ist.

Egal, welcher es ist.

In meiner Kurzgeschichte habe ich den gefühlsmäßigen Ablauf während der Therapie beschrieben.

Aber es gibt diesen Punkt, an dem man strauchelt, fällt, nicht weiterkommt. Und in diesem Moment ist meist nichts zur Hand, niemand anwesend.

Wie diese Punkte teilweise entstehen und was eine Therapie unter anderem bewirken kann, möchte ich hier ansprechen.

Dennoch wünsche ich mir, dass du hiermit auch eine kleine Stütze hast, wo auch immer du gerade stehst.

Ich werde manchmal Fragen oder Beispiele anführen, die mir selbst durch den Kopf gingen. Alles, was mich beschäftigt hat, alle Fragen, die ich mir gestellt habe, manchmal aus tiefster Verzweiflung heraus, möchte ich hier mir dir teilen. Vielleicht kommt dir die ein oder andere bekannt vor.

Ich wünsche dir, eine wunderschöne Lesezeit.

Vorurteile

1. Therapie

»Durch die Gasse der Vorurteile muss die Wahrheit ständig Spießruten laufen.«
– Indira Gandhi

Ein Vorurteil entsteht oft durch die Meinung eines anderen. Oder aus einem kurzen, prägnanten Eindruck von etwas oder jemandem. Hier soll es um die Vorurteile zum Thema Therapie gehen. Ich möchte dir nur noch einmal kurz in Erinnerung rufen, wie schnell wir von außen, von unserem Umfeld, beeinflusst werden.

Meinungen werden uns vorgefertigt serviert.

Wie ein Tiefkühl-Produkt, das du auftaust oder aufwärmst.

Eine fehlende Erfahrung zu einem Thema, verleitet uns, die Meinung eines anderen anzunehmen. So entsteht ein Vorurteil. Das Vorurteil kann positiv oder negativ sein.

Für eine eigene Meinung brauchen wir also Erfahrungen.

Wenn wir diese nicht machen oder machen wollen, wird eine ausführliche und umfangreiche

Recherche nötig. Dennoch füttern wir uns mit den Erfahrungen aus unserem Umfeld.

Ich möchte dir aufzeigen, dass du keine Meinung über Therapie haben kannst, wenn du noch nie eine Therapie hattest. Oder nur einen Therapeuten besucht hast, der eventuell gar nicht zu dir gepasst hat. Das bedeutet nicht, dass du eine Therapie machen sollst, sondern nur, dass du mögliche Vorurteile genauer betrachten kannst.

Das gilt auch für alle anderen Themen, nicht nur für Therapie.

Jedes Vorurteil ist wie eine Flucht vor Angeboten. Egal, um welches Thema sich das Vorurteil dreht.

Beispiel: Du hast Kopfschmerzen.

Angebot 1: Du legst dich hin, trinkst viel Wasser, schläfst, oder überlegst dir, woher der Schmerz kommt.

Angebot 2: Du gehst zur Apotheke, holst dir Medikamente und legst den Schmerz damit still. Aber die Medikamente, die dir helfen, nicht die, die beim letzten Mal gar nichts bewirkt haben.

Angebot 3: Du weißt vom letzten Mal, woher der Schmerz kommt, und kannst aktiv etwas ver-ändern.

Angebot 4: Du weißt, hier hilft nur noch der Besuch beim Arzt. Aber den, der dir helfen kann, nicht den, der dich nicht hinreichend untersucht hat.

Flucht: Du hast gehört, dass ein Arzt einem/r Bekannten nicht helfen konnte. Schmerzmittel haben bei einem Verwandten auch schon nicht geholfen. Und Wasser hast du bestimmt genug getrunken. Hinlegen sorgt für weniger Ablenkung und was das letzte Mal war, weißt du nicht mehr. Also unternimmst du gar nichts, hoffst, dass es besser wird, und legst dich irgendwann doch hin, weil es schlimmer wird und du nichts anderes mehr machen kannst.

So verhält es sich mit jedem einzelnen Vorurteil. Unter den Angeboten gibt es kein richtig oder falsch. Sie sind da, um genutzt zu werden. Jeder kann für sich herausfinden, welches Angebot zu einem passt.

Wir kennen das auch von Freundschaften. Allerdings ist es hier wieder etwas komplexer, da eine anfängliche Antipathie auch ein Vorurteil sein kann. Aber wir gewinnen im Verlauf unseres Lebens immer wieder neue Freundschaften hinzu

oder/und beenden unstimmige. Hier nehmen wir
also eine Angebotsvielfalt wahr.

Was ist mit den Menschen, die keine Kopf-schmerzen haben? Oder keine Freunde?

Irgendeine Art Problem kennt jeder. Und jeder
kennt auch mindestens eine Lösung dafür.
Und natürlich gibt es auch Menschen, die Freund-schaften unbewusst oder bewusst meiden, oder
als unnötig erachten, um nicht »Gefahr zu
laufen«, dass sie jemand »entlarvt«. Auch dies
führt uns wieder zu Vorurteilen.

Woher weiß ich denn, ob eine Therapie gut für mich wäre, oder nicht?

Rede mit einem Arzt deines Vertrauens. Dieser
kann dich wirklich beraten. Ich kenne dich nicht,
daher kann ich dir diese Frage nicht beantworten.
Aber einen Rat möchte ich dir dann doch geben:
Wenn dir zu einer Therapie geraten wird, gehe zu
mehreren Therapeuten. So lange, bis du die/den
Richtige/n für dich und deine Anliegen gefunden
hast. Und sei gelassen, was Wartezeiten betrifft.
Dein Anliegen hat sich bisher nicht in Luft auf-gelöst und wird es auch bis dahin nicht tun. Des

Weiteren hast du hier noch ein paar Tipps versteckt, um diese Zeit zu überbrücken.

Ich hoffe, ich konnte für dich aus dem Wort »Vorurteile« ein »Vorteile« erschaffen. ☺

»Die Weisheit eines Menschen misst man nicht nach Erfahrungen, sondern nach seiner Fähigkeit, Erfahrungen zu machen.«
– George Bernard Shaw

2. Spiritualität

*»Ich möchte bündigeres, einfacheres, ernsteres.
Ich möchte mehr Seele und mehr
Liebe und mehr Herz.« – Vincent van Gogh*

Was hat denn Spiritualität mit Therapie zu tun?
Überhaupt gar nichts und alles. Das Wort hat
genauso viele Vorurteile abbekommen, wie
»Therapie«. Die Spiritualität ist sogar so sehr in
Verruf geraten, dass Menschen sich nicht mehr
als spirituell bezeichnen oder sich damit identifizieren wollen. Daher möchte ich hier dringend
mal aufräumen.

Spiritualität ist ein Überbegriff. Wie Therapie.
Es dreht sich einfach nur um unser Innenleben.
Und dass wir dieses haben, wissen wir doch
schon. Auch wenn du dich gegen Therapie und
Spiritualität stellen möchtest, arbeitest du trotz-
dem mit beiden.
Du kannst gar nicht anders, da du sonst keine
Gefühle hättest. Das klingt im ersten Moment
vielleicht komisch, ist aber so.

Wenn wir psychische Probleme haben, sind wir vielleicht auch geistig belastet, aber die Ursache liegt in der seelischen Belastung.

Aber nicht nur das, unser ganzes Dasein leidet darunter. Also Körper, Alltag, Familie, Freunde, Umfeld, Arbeit, usw.

In der Spiritualität geht es darum, uns als Ganzes zu sehen. Das mag sehr banal klingen, aber wenn ein Bereich unseres Lebens im Ungleichgewicht ist, wirkt sich das auch immer auf die anderen Bereiche (siehe oben) aus.

Die Psychologie, die Spiritualität oder/und Coaches können uns diese Dinge aufzeigen, bewusst machen und uns unterstützen, die Bereiche wieder ins Gleichgewicht zu bringen.

Zum Beispiel durch die Bewusstwerdung der gesunden Bereiche.

Unter anderem wird bei Therapien und spirituellen Coachings auch gerne mit Bewegungen gearbeitet. Um dir deiner eigenen Aktivität wieder bewusst zu werden. Je nachdem welche Übungen du machst, kann dein Problem oder die Belastung um ein Vielfaches leichter werden.

Allerdings sollte man auch hier ein gewisses Maß für sich finden.

Ein weiteres Thema in diesen Bereichen ist das Fragen stellen. Wenn wir die richtigen Fragen gestellt bekommen, erhalten wir Zugriff auf unsere Selbstsabotage-»Programme«. Und die ... na ja wir können viele Lieder davon singen.

Die Unterstützung und die Tools von diesen Menschen, können wirklich viel verändern.

Sie haben sehr viel gemeinsam, was nicht bedeutet, dass du dich nur einseitig entwickeln kannst. Du kannst hier wirklich aus den Vollen schöpfen, solange du es verarbeiten kannst. Denn alles auf einmal wird vielleicht etwas viel.

Finde heraus, was zu dir passt. Mit wem oder was du alles an dir arbeiten kannst, wenn du es zulässt. Die Spiritualität bietet uns ebenso viele Angebote. Meditation zum Beispiel, ist mir bis heute ein sehr hilfreiches Werkzeug. Oder Achtsamkeit. Diese zwei Themen finden auch Platz und Raum in der Therapie.

Wenn du dich also ernsthaft dazu entschließt, dass du deine Probleme »loswerden« willst, sollte es dir egal sein, wie viele Vorurteile an einem Wort hängen.

Wichtig ist einzig und allein, dass es *Dir* helfen kann.

Denn Vorurteile engen dich ein, sie können dir keine Unterstützung bieten.

Manchmal bekommt man das Gefühl die Flucht zu wollen und es geht nicht.

Du versperrst dir damit bewusst den Weg, da du daran gewöhnt bist, den Schmerz so auf Distanz zu halten. Obwohl du dich damit viel mehr konfrontierst, als dir lieb ist. Du bekommst Angst vor allem, was aussagt, du sollst dich verändern, oder mit dem Schmerz auseinandersetzen. Du willst Besserung, und um den Schmerz herumgehen.

Wir wissen, dass kein Weg daran vorbeiführt. Aber die Angst bleibt, deshalb wollen wir es trotzdem versuchen. Ich finde das vollkommen in Ordnung. Mit sich hadern, gehört dazu. Denn auch das ist doch schon eine Vorstufe zur Veränderung. Wenn du damit arbeitest, kann Angst kreativ machen und dir völlig neue Wege bereiten. Dafür musst du deine selbst auferlegten Grenzen nur etwas ausweiten.

»Sei Du selbst die Veränderung, die Du dir wünschst, für diese Welt.« – Mahatma Gandhi

Je nachdem wie du dich gerade fühlst, hat ein
Zitat eine andere Wirkung auf dich.
Falls du das Buch gerade durch das Zimmer
werfen möchtest, tu dir keinen Zwang an.
Aber bitte nehme es danach wieder zur Hand.
Wir sind doch erst am Anfang.

Um das nochmal bei dem Beispiel der Meditation
zu veranschaulichen, hast du hier die Möglichkeit, jeglichen Meinungen von Außen zu ent-
gehen. Sogar deiner eigenen.
Dies funktioniert sehr gut bei geführten Meditationen. Vielleicht funktioniert es aber auch genau
bei dir nur mit Klangmeditationen. Jeder von uns
ist anders, und somit kann keine Statistik, wissen-
schaftliche Erkenntnis, etc auch automatisch auf
alle zutreffen. Manche Dinge entsprechen dir und
deiner Wahrheit und manche eben nicht.
Tipp für geführte Meditationen: Suche dir eine
für dich angenehme Stimme und höre viele ver-
schiedene. Wenn du immer die gleiche Meditation hörst, rückt dein Gedankenkarussell wieder
in den Vordergrund.

Es gibt viele Möglichkeiten Meditation oder Yoga oder sonst was für dich zu entdecken.

Aber es passt nicht immer gleich bei der ersten oder auch fünften Anlaufstelle.

Ich konnte mit Meditation überhaupt nichts anfangen. Ich habe unzählige davon versucht und ich fand es schrecklich.

Eines Tages habe ich dann gleich mehrere Meditationen für mich entdeckt und seitdem meditiere ich täglich.

Ich möchte dich hier nicht für bestimmte Themen begeistern. Ich möchte dir nur zeigen, dass es Angebote gibt. Und diese Angebote sollten dich nicht wegen der Meinung anderer, einem Vor-urteil, oder einer Abneigung gegen den Begriff, einschränken.

Ich kann dir also wärmstens ans Herz legen:
Probiere es aus. Probiere dich aus.

Im »schlimmsten« Fall wirst du etwas finden, womit es dir besser geht. ☺

»Es gehört oft mehr Mut dazu, seine Meinung zu ändern, als ihr treu zu bleiben.«
– Friedrich Hebbel

Die Psychologie und die Spiritualität sind so eng miteinander verbunden. Auch wenn sie als zwei getrennte Bereiche betrachtet werden.

Wir haben das Glück, dass uns für jeden Anteil in uns Spezialisten zur Verfügung stehen.

Wir brauchen nicht in jedem Fall einen Spezialisten. Nur die Bereitschaft, Dinge miteinander zu verknüpfen, um die Ecke zu denken, damit wir unsere eigenen Verbindungen verstehen und gegebenenfalls einen fachlichen Rat dazu einholen können.

Vorerst widmen wir uns der Psychologie und der Spiritualität. Diese Verbindungen möchte ich mit dir genauer ansehen.

Psychologie und Spiritualität

Vergleich & Kombination

Beispiel: Achtsamkeit, Meditation, Hypnose und Umdenken
Ich weiß, diesem Vergleich und der Kombination stehen manche vielleicht kritisch gegenüber.
Ich möchte nur aufzeigen, wie sehr wir uns manchmal durch Überbegriffe selbst eingrenzen.
Nicht nur Menschen mit Belastungen jeglicher Art, sondern wir alle, sollten irgendwann die selbst angelegten Ketten sprengen.
Von der »Antikette« bis zur »Voruteilskette« und noch weiter. Wir schränken uns im Alltag und durch negative Erfahrungen wirklich schon genug ein. Es ist und sollte ein Leichtes sein, diese Ketten zu sprengen.
Fakt ist, dass es in diesen Bereichen vordergründig darum geht, Menschen zu helfen und zu unterstützen in ihre Kraft zu kommen. Diesen Menschen beim aufblühen zu unterstützen, sehen zu können, dass sie danach ihr Leben nach ihren Wünschen gestalten und leben können. Und dafür braucht es viele Ansichten, einen weiten Horizont

und eine Offenheit, für Gutes, Neues, Unbekanntes! Denn wenn diese nur von dir ausgeht, aber in der Therapie, Spiritualität, im Coaching nicht miteinbezogen wird, kann es passieren, dass du dich nicht als Ganzes wahrgenommen fühlst. Es kann auch andersherum passieren, dass du dich nicht für alle Bereiche öffnen kannst.

Ich selbst hatte Vorbehalte gegen Hypnose, da ich bis zu diesem Zeitpunkt nur Negatives darüber gehört hatte. Dann durfte ich extrem gute Erfahrungen damit machen, die mir mein Leben um ein Vielfaches erleichtert haben.

Bei der Persönlichkeitsentwicklung gehört Umdenken und ein wenig Rück- und vor allem Eigenbeschau, dazu.

Die Arbeit an dir selbst findet statt. Egal, ob du bewusst an dir arbeitest oder nicht.

Der Unterschied ist, wenn du bewusst an dir arbeitest, geht es dir schneller besser und du kannst dein Leben so gestalten, wie du es haben willst. Unbewusst kann es länger dauern. Wenn du deine Selbstsabotage nicht erkennst, kann es auch passieren, dass du alles so lässt wie bisher, und bewusst und/oder unbewusst immer im Kampf bist, vielleicht sogar bleibst.

Wenn du willst, dass es dir besser geht, sieh dir alle Angebote an, und nimm alle für dich passenden in Anspruch.

Stell es dir wie einen Kreditvergleich vor. Nur dass du hier gleich mehrere Angebote auswählen kannst.

Du kannst alles miteinander kombinieren, was dir dienlich ist, was dir hilft. Es gibt unzählige Möglichkeiten.

Es war mir auch hilfreich, zu sehen, was denn im Bereich Psychologie und Spiritualität zu mir passt. Denn hier beschäftigst du dich mit dir selbst, ohne direkt auf deine Probleme eingehen zu müssen. Ich musste mich nicht direkt mit mir auseinandersetzen. Gleichzeitig konnte ich mich mehr auf die aktuelle Realität konzentrieren, was bis dahin fast unmöglich schien.

Es geht nicht darum, dass du »Lebe im Hier und Jetzt.«, sofort den ganzen Tag umsetzen sollst. Das setzt einen nur unter Druck. Das führt dann dazu, dass es dir schlechter, statt besser geht.

Wenn du dich dafür entscheidest, einfach nur die Angebote zu kombinieren, und fünf Minuten am Tag umsetzen willst, ist es viel einfacher.

Meinetwegen auch nur 60 Sekunden. Denn auch 5 Minuten können anfangs sehr lang sein.

Ich habe mir immer einen Timer gestellt. Vielleicht kann dir das auch helfen. Wir sind es gewohnt, in unserem Karussell zu sitzen. Egal ob Alltagskarussell oder Gedankenkarussell.

Natürlich wollen wir da nicht sein, aber wenn sich das Gehirn einmal an etwas gewöhnt hat, kommst du im Schnitt unter 30 Tagen nicht mehr davon weg. Deshalb sind 60 Sekunden ein super Anfang. Das Gehirn weiß ja auch, wie schnell diese vorbei sind. Es kann auch sehr gut funktionieren, wenn du dich nebenbei beschäftigst. Zum Beispiel Affirmationen zu wiederholen, bis dein Essen fertig gekocht ist. Auch das ist eine absehbare und relativ kurze Zeit. Oder während du im Supermarkt an der Kasse anstehst oder deine Einkäufe auf das Band legst. Während du an der Haltestelle auf die S-Bahn oder den Zug wartest. Das sind alles Momente, in denen man seine Gedanken super umlenken kann.

Ein Gedanke kostet dich keine Zeit, nur das Karussell, weil es dauernd fährt.

Ein Gedanke kann den ganzen Tag verändern.

Dazu kommen wir aber in einem späteren Kapitel noch einmal. Im folgenden Kapitel möchte ich aber noch einen – vielleicht deinen – wichtigen Gedanken ansprechen.

Ich wünsche mir, dass du Lust bekommen hast, zu recherchieren. Es bieten sich viele Möglichkeiten und so viel Unterstützung an.
Ich wünsche mir, dass du die für dich passenden Angebote suchst und anfangen kannst, sie zu nutzen und zu kombinieren.

Ambulant oder stationär?

»In dem Augenblick, in dem ein Mensch den Sinn und den Wert des Lebens bezweifelt, ist er krank.«
– Sigmund Freud

Irgendwann stößt du vielleicht auf diese Frage.
Ich verstehe, wenn dich bei dem Gedanken an einen stationären Aufenthalt, die Angst überkommt. Ich hatte diese Angst.
Bei diesem Thema stellen sich einige Fragen ein.

1. Wo stehe ich gerade?
Würdest du gerne in einem Loch im Boden versinken? Dass einfach alles Pause macht, damit du wieder frei atmen kannst?
Vielleicht ändert es sich sogar täglich?

2. Wie geht es mir damit?
Kommst du in deinem aktuellen Alltag klar?
Arbeitest du, oder bist zurzeit krankgeschrieben?

3. Wovor habe ich bei einem stationären Aufenthalt Angst?
Umgewöhnung? Neue Therapeuten, Ärzte?

Andere Patienten, andere Zimmer, andere Umgebung?

4. Auf welche Art, soll ich in stationären Aufenthalt gehen?

Ist das eine geschlossene Einrichtung oder eine offene? Psychiatrisch oder psychosomatisch? Eine Tagesklinik?

Vielleicht fallen dir gerade auch noch mehr ein. Sprich diese Themen ruhig an. Es hängt immer von dir ab. Wenn du dich für einen Klinikaufenthalt entscheidest, ein wenig hier und da mitmachen willst, oder gar nichts machen willst, ist das auch ok.

Wenn du die Zeit dort nutzt, mit all ihren Vor- und Nachteilen, dann kannst du sehr viel in deinem Leben zum Besseren wenden.

So verhält es sich immer. Egal, wo du hingehst und was du tust, oder auch nicht tust. Es ist immer das, was du daraus machst oder nicht machst.

Ich habe erst in der Klinik herausgefunden, was eigentlich mit mir los war. Ich war wie ein geprüfter Meister im Verdrängen.

So sehr, dass es schon komplett vergessen und aus meinem Feld gelöscht war.

Das war es auch, was mich all die Jahre so viel Energie gekostet hatte, bis kaum noch etwas davon übrig war.

Kurzfazit: Solltest du Abstand von Alltag und Außenwelt benötigen, dir einen geschützten Rahmen wünschen, in dem du einfach mal Durchatmen und danach neu starten kannst, ist eine Klinik eine tolle Sache.

Aber bitte sprich beim Arzt- oder Therapiebesuch unbedingt die Diagnose durch.

Denn nur mit der richtigen Diagnose kannst du diese Zeit auch wirklich positiv für dich nutzen.

Ambulant ist eine feine Sache, wenn du deinen Alltag neu oder besser gestalten möchtest. Wenn dein Thema mehr auf den Alltag und seine Hürden ausgelegt ist.

Du kannst auch den »Mittelweg« nehmen.

Falls du zum Beispiel akut Unterstützung möchtest, krankgeschrieben bist und vielleicht noch ein paar Wochen Wartezeit bis zur Therapie hast, kann eine Tagesklinik sehr hilfreich sein. Auch nach einem Klinikaufenthalt kann das sehr unter-

stützend wirken. So kannst du eine gewisse All-
tagsstruktur gewinnen und gleichzeitig in deinem
eigenen Bett schlafen.
Nutze die vielen Möglichkeiten.
Wenn du dich davon komplett distanzieren willst,
ist das auch okay. Deine Angebote sind, wie
gesagt, überall und im Überfluss zu finden.

Du kannst auch frei zwischen Therapie und Spiritualität wählen. Wenn du nicht beides, sondern
nur eines haben willst. Wichtig ist letztlich nur,
dass es dir damit besser geht und dass du dir die
Angebote anschaust.

Reden in der Therapie

Es kann von Zeit zu Zeit sehr anstrengend oder-schwierig sein, in deiner Therapie, bei einem Coach oder sonst wo, offen zu reden. Ich hatte da so meine Probleme. Versteh mich nicht falsch, ich kann reden wie ein Wasserfall. Aber eben nicht über die Dinge, die ich tief in mir vergraben hatte. Wenn dieser Keller voller Probleme nicht nur durch eine geschlossene Tür »gesichert« ist, son-dern diese Tür mehrfach zugeklebt, und mit tau-senden von Schlössern verriegelt und verbarrika-diert ist, dann kann es wirklich sehr schwierig werden, in diesen Keller hineinzukommen. Du weißt, dass nur dieser gut versteckte Keller dazu führt, dass es dir letztlich besser geht. Aber man will es eben einfach nicht wahrhaben. Dieser Keller kostet dich aber auch all deine Energie. Er ist verschlossen, aber braucht all deine Aufmerk-samkeit, um es auch zu bleiben. Und das, obwohl es schon lange nicht mehr nötig ist, diesen Keller überhaupt zu verschließen. Denn wenn es noch nötig wäre, würde er dich nicht mehr all deine Energie kosten. Manchmal merken wir nicht ein-mal mehr, wie viel Energie uns der eigene Keller kostet, weil wir uns schon an den kläglichen Rest der übrigen Energie gewöhnt haben.

Und auf einmal sollen wir darüber reden. Das kann beängstigend sein und dazu führen, dass wir vorsorglich nochmal etwas vor die Tür und das Versteck stellen. Dabei müssen wir doch gar nicht sofort über diesen Keller reden. Nur, wenn wir das wollen. Das sollte man sich klar vor Augen halten. Denn das Ziel, auch wenn man sich vorerst dagegen wehren möchte, bleibt trotzdem dein Keller.

Also über was soll ich reden oder nicht reden? Soll ich mich wirklich verwundbar zeigen? Muss ich das?

Gewöhne dich in aller Ruhe zuerst an die Möglichkeit, die dir diese Gespräche bieten. Nonverbal. Denn hier ist ein Raum, nur für dich, mit einem Gegenüber, der in diesem Moment nur für dich dort ist. In diesem Raum darfst du einfach mal so sein, wie du bist. Ohne Rollen, ohne Erwartungen, ohne Verpflichtungen. Hier geht es nur um dich und deine Anliegen, deine Themen. Denn die Gefühle und die Verwundbarkeit kommen irgendwann automatisch, wenn du Vertrauen in dein Gegenüber hast. Dennoch, ein fachlicher Rat kann dir nur weiterhelfen, wenn du über das Problem sprichst. Aus welcher Perspektive du das tust, bleibt dir selbst überlassen. Denn deine bis dahin aktuelle »Comfort-Zone« ist nur durch die Verstecke entstanden, die dich auch gleichzeitig einengen. Der Keller an sich nimmt immer den gleichen Platz in Anspruch. Aber die ganzen Schlösser und Verstecke außen herum müssen erst einmal angehört und ausgesprochen werden. Manchmal kann es sogar passieren, dass der Keller plötzlich offen ist, und du erkennst auf einmal, dass es gar nicht mehr so schlimm ist. Manchmal schmerzt es dich noch, aber du hast zu diesem Zeitpunkt eine Unterstützung, die dir Wege zeigen und weiterhelfen kann.

Ich wünsche mir, dir etwas Klarheit über die Unterschiede und vor allem über die Vorteile, die jeder Bereich mit sich bringt, geschaffen zu haben.

Druck

Dieses Thema möchte ich kurz ansprechen, da es wichtig ist. Dieses Wort schieben wir gerne mal auf unser Umfeld. Und jenes wird dann auch manchmal für den eigen gemachten Druck verantwortlich gemacht. Obwohl wir nur uns selbst Druck machen können. Wenn jemand anders versucht, dich in etwas voranzutreiben, auf das du schlichtweg keine Lust hast, kann er oder es dir keinen Druck machen. Wenn dir in einer Sache Druck gemacht wird, die du unbedingt haben willst, ist es eine positive Bestärkung, eine Rückendeckung. Genauso verhält es sich mit deinem selbst erzeugten Druck.

Hast du diesen, weil du es eigentlich gar nicht willst?

Oder ist es eine eigene, positive Bestärkung, weil du es unbedingt willst?

Nun starten wir aber mit einem kleinen Tipp durch, der dein Mindset bestärken kann.

Ein Angebot von vielen, um mit dir zu teilen, wie ich selbst meine positive Bestärkung gefunden, beziehungsweise erschaffen habe.

Die »Grundformel«

»Du siehst den Wald vor lauter Bäumen nicht.«
- Christoph Martin Wieland

Vorweg sei noch einmal gesagt: Es ist nicht *die* Grundformel.
Es ist *meine* Grundformel.
Auch hier *kannst* du dieses Angebot für dich nutzen. Falls es für dich nicht funktioniert, ist das überhaupt nicht schlimm. Dann findest du bei deinen Recherchen bestimmt Dinge, die für dich besser geeignet sind.

Ich konnte das Chaos in meinem Kopf meist nicht beherrschen, da ich sehr oft unter Realitätsverlust litt. Flashbacks standen bei mir nicht nur auf der Tageskarte, sie waren mein Leibgericht.
Meine größte Angst war damals, dass alle Methoden oder Möglichkeiten bei mir nicht helfen würden. Dass bei mir einfach nichts etwas bringen würde. Dass ich mir so lange eingeredet hatte, ich wäre ein hoffnungsloser Fall, dass es Realität werden könnte.

Falls dir das bekannt vorkommt, ich kann dich beruhigen. Es gibt gar keinen hoffnungslosen Fall. Alles nur »Kopfsache«. ☺

Aber in diesem Moment war ich hoffnungslos.

Ein Geschenk, wie sich danach herausstellte.

Denn durch die Hoffnungslosigkeit hatte ich auch einen Kampf aufgegeben. In diesem Moment war ich endlich bereit, alle Mittel und Wege in Betracht zu ziehen. Und ich konnte mir endlich aus meinem vollen Angebotstopf etwas zusammenbasteln.

Meine Grundformel klingt im ersten Moment etwas albern. Aber genau das, war der Knack-punkt aus meinem Gedankenkarussell. Etwas Neues, eventuell Albernes auszuprobieren, dass ich vielleicht im ersten Moment als Blödsinn abtun will.

Wir werden jetzt Bäume pflanzen.

Ich stellte mir einfach ein leeres Feld vor.

Jeder positive Gedanke wurde als Samen gepflanzt. Ich sah mir zu, wie ich die Erde goss und dort in Windeseile ein großer starker Baum heranwuchs.

Diese Vorstellung war in ein paar Sekunden erledigt. Danach kamen der Alltag, das Karussell, die Flashbacks, etc. wieder zum Zug.
Jede gute Kleinigkeit, wurde zu einem Samen. Sei es ein »Hab dich lieb« von Freunden, Verwandten, etc. oder wenn ich gelacht habe – ob gezwungen oder ehrlich spielte dabei keine Rolle.

Aus diesem Feld wurde sehr schnell ein Wald. Ein ziemlich einzigartiger und optimistischer Wald, da jeder Baum für etwas Positives steht. Wenn ich es irgendwann aus einem Flashback heraus geschafft hatte, pflanzte ich einen Baum; wenn ich morgens aufwachte, egal wie beschissen mein Schlaf war, pflanzte ich einen Baum, goss ihn und sah ihn in die Höhe schießen.
Dieser eine, kleine Gedanke, den ich immer wieder dachte, hat so viel bei mir verändert. Meine ursprüngliche Absicht dahinter war, etwas Neutrales zu erschaffen, dass mich kurz ablenkt, aber mit keinen negativen Erinnerungen, etc. verknüpft ist. Einfach die Phantasie spielen zu lassen, an etwas Schönes denken. Aber der Wald wurde mein neues Manifest. Und er ist es heute noch.

Wenn ich etwas ausprobiert habe, zum Beispiel eine Meditation, Thai-Chi, ein mir unbekanntes Essen oder Getränk, pflanzte ich einen Baum. Einen Baum, weil ich es ausprobiert habe, egal was es war. Ich hatte ein Tool entdeckt, das mir viel mehr Möglichkeiten bot, als gedacht.

Dennoch gibt es gewisse Gemütszustände, in denen du meinst, keine positiven Dinge zu finden. Daher gehen wir jetzt die letzten Seiten und Kapitel noch einmal durch und pflanzen Bäume. Natürlich nur, wenn du bereit bist, etwas auszuprobieren. Wenn nicht, kannst du dieses Kapitel auch überspringen oder das Buch zuklappen. Danke, dass du bis hierhin weitergelesen hast.

Let´s Go:

Am Anfang dieses Buches haben wir uns über Vorurteile unterhalten. Und wie viele Vorteile man aus Vorurteilsfreiheit ziehen kann.

Du kannst einen Samen für Vorteile säen.

Du kannst Bäume pflanzen, wie du dich gerne fühlen würdest, auch wenn es jetzt noch nicht so ist.

Du bist völlig frei in der Gestaltung, so lange es positiv ist. Der Wald entwickelt sich ständig. Es gibt kein zu groß, zu klein. Es kommen immer Bäume hinzu.

Ebenfalls kannst du für Vorurteile einen Baum pflanzen. Denn diese werden immer da sein, wir sind Menschen.

Ein Vorurteil zu erkennen, und als solches stehen zu lassen, finde ich persönlich sehr gut. Denn manchmal ändert sich unsere Meinung innerhalb von Tagen, Monaten oder Jahren. Vielleicht aber auch nie. Aber die Tür dafür ist offen. Somit kann sich auch mal ein Baum verabschieden oder über sich hinauswachsen.

Du kannst hier auch Bäume ohne »Namen« pflanzen. Einfach nur, weil du einen Baum pflanzen willst.

Pflanze einen Baum für die Freiheit, dass du dich nur vor dir selbst rechtfertigen musst.

Einen Baum dafür, dass du dich in jeder Sekunde, die du frei wählen darfst, verändern kannst. 🌱

Einen Baum für eine positive Sicht auf die Dinge, die du genau in diesem Moment nur negativ siehst. 🌱

Einen Baum für die Angebots- und Kombinationsvielfalt. ☺

Diese Bäume stehen nun auf Deinem Feld und wachsen immer weiter.

Wenn du möchtest, kannst du hier anfangen, den Wald in deinen Alltag zu integrieren.

Einfach nur durch einen schnellen Gedanken daran. Du kannst jeden Morgen, direkt nach dem Aufstehen, einen Baum pflanzen. Fürs Aufstehen. Egal, aus welchem Grund du aufgestanden bist.

Du kannst auch einen Baum pflanzen, wenn du Angst bekommst. 🌱

Probiere Dich aus.

Und weiter? Psychologische Hintergründe?

Wie ich herausfinden durfte: Ja. Nicht nur psychologisch, sondern auch spirituell.

Der Hintergrund ist: Ich fühlte mich zunehmend besser, weil ich spielend mein Mindset erneuern konnte. Ein Baum ist fest mit dem Boden verwurzelt, somit setze ich eine Manifestation. Ganz nebenbei konnte ich mich von meinem Gedankenkarussell beziehungsweise dem häufigen Realitätsverlust ablenken und letztlich auch befreien. Somit öffneten sich mir nach und nach viel mehr Türen.

Ich konnte meine Therapie, eine Meditation oder was auch immer, leichter annehmen, da ich genau das nun geübt hatte.

Wie schon erwähnt, soll eine Veränderung im Mindset im Durchschnitt nach 30 Tagen Wirkung zeigen.

Wie lange bist du inzwischen schon in deinem jetzigen Zustand verweilt?

Und wie viel sind diese 30 Tage davon?

Gut, wenn dir dieses Buch jetzt nach einer schlechten Woche in die Hände fällt, geht meine Rechnung nicht ganz auf, aber darum geht es nicht.

Ich möchte dir etwas Hilfreiches in die Hände geben. Ob ich das geschafft habe, weißt natürlich nur du. Und das auch erst, wenn du es ausprobiert hast. Aber ich wünsche mir wirklich aus ganzem Herzen, dass es dir helfen kann.

Es funktioniert auch bei Trauer. Dein Thema ist vollkommen egal, da du zu allem einen Baum pflanzen kannst.

Ich werde auf den folgenden Seiten immer wieder einen Keimling platzieren.

Das ist die einzige Art, wie ich dich bei der Grundformel jetzt unterstützen kann und dich ermutigen kann, weitere Bäume zu pflanzen.

Die einzige »Regel« lautet: Es muss ein positiver Gedanke mit diesem Baum verknüpft werden.

Ich wünsche dir einen riesigen Wald, der in voller Blüte mit dir wachsen kann!

»Fantasie haben heißt nicht, sich etwas auszudenken, es heißt, sich aus den Dingen etwas zu machen.« – Thomas Mann

(Bitte Baum pflanzen)

Kapitel ohne Namen

Ursprünglich stand hier ein anderes Kapitel. Ich kann dir nicht einmal sagen, warum ich es unbedingt anders schreiben wollte.

Wir entwickeln uns ständig weiter. Jeder in seinem Tempo, aber es ist ein stetiges Wachsen. Daher entsteht nun ein Kapitel, von dem wir beide nicht wissen, was nun kommt.

Deswegen lass uns doch für die Spontanität mal eben einen Baum pflanzen, und dann auf ins Abenteuer. 🌱

Ich wollte dir einfach etwas mitgeben. Etwas an die Hand geben. Weil ich mir so sehr wünsche, dass dieses Gefühl von »alleine« sein mit seinem Problem, bei dir nicht überhandnimmt, oder gar erst entsteht. Allerdings vermute ich, dass ich das gar nicht kann. Denn Du hast deinen eigenen Weg, genauso wie ich meinen habe. Dennoch möchte ich das Thema Therapie und Spiritualität weiter unter die Lupe nehmen. Da sie so viel zu bieten haben. Da wir als Mensch so viel zu bieten haben.

Manchmal stecken wir fest. Manchmal haben wir das Gefühl, dass selbst die beste Therapie uns nicht versteht. Und das tut sie auch nicht. Du bist einzigartig und niemand kann oder muss dich verstehen. Du musst dich nicht einmal selbst verstehen.

Natürlich versuchen wir, uns besser kennenzulernen, uns zu definieren, zu identifizieren. Doch letztlich sind und bleiben wir Menschen, die sich mit Definierungen und Identifizierungen nur in ihrer eigenen Freiheit einschränken. Wir suchen Antworten.

Die Therapie hat mir ein breites Spektrum an Antworten geboten. Ich habe meine Kreativität wieder gefunden, meinen Mut und die Kraft, etwas auszuprobieren. Mich selbst zu beobachten und besser zu reflektieren.

Die Spiritualität hat mir aufgezeigt, wie groß die Vielfalt an Möglichkeiten wirklich ist. Ich muss mich nicht auf eine Sache festlegen. Ich kann mir auch einzelne Dinge aussuchen, die für mich stimmig sind. Ich muss mir keine neuen Regeln oder Verbote aufzwängen, durch die ich mein eigenes Korsett noch enger schnüre, als es schon ist.

Und manchmal finde ich etwas ganz toll, lese dann einen Kommentar oder eine Meinung durch und kann sie hinterfragen. Vielleicht regt mich diese Meinung zum Nachdenken an, schafft neue Ansichten. Ansichten, die ich teile. Vielleicht auch nicht und ich lasse sie einfach so stehen. Man muss die Meinung eines anderen nicht annehmen. Aber sie kann ein Denkanstoß sein. Sie kann Scheuklappen auflösen und dein Blickfeld erweitern.

Die persönliche Entwicklung ist meine größte, schönste und schwierigste Weiterbildung.

Nun entsteht dieses Buch ja in einer sehr interessanten Zeit, die einen psychisch belasteten Menschen mehr herausfordert. Selbst manche bis dahin als gesund geltende Menschen, kommen allmählich an ihre Grenzen.

Wir bekommen mehr Eindrücke, die wir teilweise nicht verarbeiten oder aufnehmen können und wollen. Wir alle sind gefordert.

Aber was genau fordert uns? Entscheiden wir nicht selbst, ob wir mit der Situation oder mit uns selbst gefordert sind? Kann das eine, das andere begünstigen?

Kann sein, ja. Ich empfinde diese Zeit als Chance, dass wir uns mit uns selbst auseinandersetzen. Wir werden mit Ur- und Existenzängsten konfrontiert. Manche merken das stärker, andere vielleicht gar nicht.

Wer sich aber gerade in einer Phase befindet, in der er sich nicht mehr von fremden Meinungen beeinflussen lassen will, steht vor einer Herausforderung. Diese gilt es also aktuell zu meistern. Es ist wichtig, dass wir uns hilfreiche Tools suchen.

Äußere Einflüsse sind eine Mutprobe an Dich.
Natürlich kannst du auch hier, die Chance und das Angebot nutzen und einen Baum pflanzen. 🌱

Die Therapie hat mir gezeigt, wie viele Rollen ich im Alltag spielen muss. Wie erschöpft ich mich gefühlt habe, wenn ich dann endlich eine Stunde Pause hatte und ich selbst sein konnte. Mit all meinen Launen und Tränen. Dieser Ort gab mir die benötigte Freiheit.

Die Spiritualität hat mir gezeigt, dass ich diese Freiheit immer leben darf. Dass ich immer ich sein kann und darf. Und diese Rollen, diese eng geschnürten Korsetts, mir die Luft abschneiden. Es spielt alles zusammen. Wir selbst bestehen aus einem Zusammenspiel.

Und obwohl dieses Zusammenspiel das natürlichste für uns ist (Herzschlag, Atmen, Bewegung, Denken, usw.), versuchen wir manchmal trotzdem alles alleine zu schaffen. Sind manchmal der Meinung, dass Hilfe annehmen, etwas Verwerfliches ist. Obwohl wir doch auch gerne Hilfe geben und uns miteinander freuen, wenn es dem Gegenüber besser geht. Ich weiß nicht, wie es dir geht, aber ich habe mich selbst in viele Situationen gebracht, in denen ich auf Hilfe angewiesen war. Dennoch habe ich mich schlecht gefühlt, weil ich es nicht alleine konnte. Obwohl es dafür gar keinen Grund gibt. Im Gegenteil, es kann dein Gegenüber sogar abwerten. Denn dein Gegenüber könnte es auch so auffassen, dass seine/ihre Hilfe dir nicht gut genug ist. Man ist nur so schnell an den Allein-Kampf gewöhnt, dass man sich irgendwann nicht mehr erlaubt, »schwach« zu sein. Auf Hilfe angewiesen zu sein.

Und genau die Schwächen sind es doch, die uns wieder menschlich und damit so wertvoll machen. Unser eigenes Zusammenspiel ist wirklich ein Wunderwerk, dass wir wieder viel mehr schätzen und fühlen dürfen. Entscheidungen, die wir unbewusst treffen, können unser Leben lenken. Das ist doch faszinierend und ein wahres Geschenk!

»Das Unbewusste ist viel moralischer, als das Bewusste wahrhaben will.« – Sigmund Freud

Was kannst du denn jetzt tun? Vor allem, wenn Du gerade jetzt auf irgendeiner Warteliste stehst? Oder wenn du gerade eine Therapie, egal welcher Art, abgeschlossen hast?
Ich weiß es nicht. Aber ich teile gern mit dir, was ich getan habe.
Natürlich würde ich Bäume pflanzen.
Das ist fest in mir integriert.
Aber ich habe auch Kleinigkeiten verändert. Zum Beispiel habe ich den Fernseher ausgesteckt.
Wenn ich ihn jetzt anschalten will, denke ich vorher darüber nach, weswegen. Das hat mir sehr viel wertvolle Zeit geschenkt.

Auch ein festes Nachrichtenfenster von maximal 30 Minuten, mit Timer, mittags. Das reicht vollkommen aus, um auf dem neuesten Stand zu bleiben, am besten über Handy oder Radio. Mit der gewonnenen Zeit beschäftige ich mich mit Dingen, die mir guttun und die mich weiterbringen, die mich glücklich machen.

»Glück und Unglück sind Namen für Dinge,
deren äußerste Grenzen wir nicht kennen.«
– John Locke 🌱

In uns spielen so viele Dinge zusammen, die sich gar nicht alle benennen lassen. Wir haben so viele Fähigkeiten, die wir entdecken können, wenn wir uns entfalten und weiterentwickeln wollen. Vielleicht ist auch das der Grund, warum nun dieses Kapitel entstanden ist.

Dennoch möchte ich dir nicht ganz vorenthalten, um was es in dem anderen Kapitel gehen sollte. Ich wollte noch etwas tiefer in die Gefühle eintauchen.

Wir haben sie dauernd, sie lenken uns, wenn wir sie lassen. Wir bestehen natürlich nicht nur aus Gefühlen, aber manchmal schließen wir sie weg.

Vielleicht auch viel zu oft. Weil wir denken, wir müssten das. Und irgendwann sind so viele unterdrückte Gefühle zu Erfahrungen angestaut, dass wir nicht mehr vorankommen. Oder sogar unterdrückte, verdrängte Erfahrungen.

Und die Auswirkungen, die unsere Gefühle auf uns haben, können wir uns in diesem Moment nie ausmalen.

Beispiel:

Bei einer Angstattacke werden unzählige Warnsignale an den EQ gesendet. Es entsteht eine Reaktion: Herzrasen, Übelkeit, starkes Schwitzen, Starre, Kampf, Flucht, usw. Je nachdem welche Erfahrungen du gemacht hast. Wie ein Fehlalarm, aber du reagierst trotzdem.

Natürlich gibt es Situationen, in denen die Angst völlig gerechtfertigt und real ist. Aber du hast gar keine Zeit, das richtig einzuschätzen. Es gibt viele Wege, diesen Punkt einzufangen, um nicht in Panik zu geraten. In der Therapie kann man einige davon kennenlernen. Mir schenkt hier wieder der Gedanke ans Bäumepflanzen die nötige Zeit, um die Situation einzuordnen.

Weil ich dann aus Gefühl und Gedanken kurz aussteigen kann.

Aber diese Angstattacke wird durch ein abgespeichertes, unterdrücktes Gefühl ausgelöst.

Wir haben so viele Türen in unserem Haus zugemacht. So viele Anteile von uns weggesperrt, weil man es uns so beigebracht hat. Das war in der Vergangenheit vielleicht gut für uns, oder zumindest für diesen Moment eine Notwendigkeit. Aber wir haben diese Türen nie infrage gestellt. Ich hatte meine Kellertür nie infrage gestellt. Es war für mich eine Selbstverständlichkeit, dass diese verschlossen ist. Es war eine Bereicherung, sie zu öffnen. Ich finde es so wichtig, dass wir all unsere verschlossenen Türen aufsperren. Sie sind nicht nur im Keller. Sie sind überall. Und wir können immer wieder welche finden. Wir kennen diese Türen und wir wissen auch, was sich hinter ihnen verbirgt. Egal ob du jetzt denkst, dass es etwas Negatives ist, es gehört zu dir.

Die Akzeptanz war mir lange ein Unwort. Aber es war letztlich der beste Weg. Denn wenn ich die negativen Erfahrungen nicht akzeptiere, kann ich sie auch nicht abhaken.

Wie geht es dir mit deinen Türen?

Sich selbst in die Augen zu sehen, kann so schwer sein. Sich zu akzeptieren und das eingeübte »Everybodys Darling« oder vielleicht auch genau das Gegenteil für alle sein zu wollen, loszulassen.

Ja hier ist wieder das »böse« Wort. Wir wissen ja, dass wir loslassen sollen. Aber es fühlt sich viel zu anstrengend an.

Obwohl das Loslassen schon fest in uns verankert ist. Wenn wir zum Beispiel ausatmen, ist es schon wieder so selbstverständlich für uns, dass wir es nicht mehr wahrnehmen. Infolgedessen können wir also alles loslassen, was wir nicht mehr brauchen. Versteh mich nicht falsch, ich habe noch jede Menge, was ich loslassen möchte und werde. Jeder von uns. Anfangen ist wichtig.

Wenn wir anfangen, uns selbst zu akzeptieren, können wir so viel von uns selbst lernen.

Wie ist das bei dir?

Hast du die Persönlichkeitsentwicklung nur auf einer, oder auf mehreren Ebenen ausprobiert?

Erfährst du im Umfeld Unterstützung, oder
machst du das »im stillen Kämmerlein« für dich?
Anfangs hatte ich gegenüber der Spiritualität
nicht nur wegen Vorurteilen eine Abneigung. Ich
hatte auch Erfahrungen, mit denen ich überhaupt
nicht einhergehen konnte. Denn auch hier gibt es
Dinge, die mich eher eingeschränkt, statt geför-
dert haben. Deshalb war ich selbst lange der
Überzeugung, dass es nichts für mich ist. Eine
andere Form der Flucht, sonst nichts.
Aber auch hier gibt es Menschen, die mit meinem
ursprünglichen Verständnis von Spiritualität über-
einstimmen. Menschen, die uns als Ganzes sehen,
die nicht mit dem Zeigestock nur auf einen Teil
von uns eingehen.
Therapie, bedeutet für mich Persönlichkeitsentwicklung. Diese kann nur stattfinden, wenn ich
mich selbst therapieren will. Wenn ich an und mit
mir arbeite. Deshalb hat mir die Kopplung von
Traumatherapie und Selbsttherapie so gut
geholfen. Du kannst hundert Therapien machen.
Wenn du nicht bereit bist, an dir zu arbeiten und
dich wirklich zu verändern, dann hilft die beste
Therapie nichts. Wenn du bereit bist, dich zu
ändern, dich an deine Bedürfnisse anpasst, statt

an die der anderen, dann kannst du alles mitnehmen, was die Persönlichkeitsentwicklung zu
bieten hat und noch mehr.

Anpassung war mir meiner Ansicht nach nie
sonderlich gut gelungen. Probiert habe ich mich
lange, aber funktioniert hat es nicht.

Mein Orientierungspunkt war falsch gesetzt.
Er lag immer bei anderen, statt bei mir selbst.
Wo liegt dein Orientierungspunkt?

»Das Denken ist das Selbstgespräch der Seele.«
- Platon

Wenn wir einen neuen Weg gehen, unseren Weg,
ist die Unterstützung unseres Umfelds vielleicht
ein Vorteil, aber keinesfalls notwendig.

Das wollte ich eine gefühlte Ewigkeit nicht wahrhaben. An allem war immer mein Umfeld schuld.
Die Umstände. Ich habe Ausreden gefunden, mir
aus der Nase gezogen, alles nur, um mich nicht
mir selbst stellen zu müssen.

Faszinierend, was ich da alles an äußeren Pro-
blemchen erschaffen hatte, ohne es bewusst zu
sehen.

Mir ist es wichtig, dir zu veranschaulichen, wie oft und unbemerkt wir uns selbst sabotieren. Wie wir alles von uns wegschieben, auch das, was wir vielleicht gewollt hätten. Wie wir Personen unbewusst auf Abstand halten, obwohl wir sie mögen. Personen, die Einfluss auf uns haben, Freunde oder Familie, sprechen oft unseren EQ zuerst an.

Beispiel:

Wenn dein Bein gebrochen ist, und eingegipst wird, machst du nichts anderes, als deinem Körper zu sagen »Du bekommst jetzt die Ruhe die du brauchst, um zu heilen.«. Also tut er es. Nichts anderes wird dir in der Spiritualität und in der Therapie vermittelt. Du weißt schon, dass du das kannst.

Nur hast du es noch nicht in allen Bereichen ausprobiert und gehst deshalb davon aus, dass es nicht funktioniert. Nichts anderes erleben wir, wenn wir uns für eine Psychotherapie entscheiden. Therapeuten und Coaches sind unser Gips. Bei manchen Verletzungen kommt man ohne Gips klar, bei anderen nicht.

Das hat nichts mit Versagen oder Schwäche zu tun. Du kannst weder Fehler machen, noch versagen. Du kannst nur Erfahrungen machen oder dich mit Ausreden vor eben diesen drücken.

Eine Erfahrung, egal wie lange sie geht, egal wie schrecklich sie ist und war, kann uns so viel lehren.
Ich möchte noch einmal auf unsere ganz allgemeinen Vorurteile eingehen, mit denen wir durch die Welt gehen.
Egal, aus welchen Gründen wir diese haben. Manchmal erkennen wir sie nicht mal als Vorurteile. Manche Meinungen werden lauter gehört als andere. Längst wird nicht jede Meinung gehört. Manchmal hören wir sogar nur die Dinge, die es uns letztlich schwerer machen.
Oft fragen wir uns auch, was wir denn aktiv ändern und tun können. Aber die Antwort ist und bleibt immer die Gleiche: Jeder muss bei sich anfangen.
Die jetzige Zeit bietet jedem von uns genau diese Chance. Bei uns anzufangen. Wer einmal mit der Persönlichkeitsentwicklung angefangen hat weiß, dass diese Entwicklung nie aufhört und keine Grenzen kennt. Therapie endet auch nie. Weder

für den Arzt/Therapeuten/etc. noch für die Hilfe-suchenden.

Sport ist auch sehr therapeutisch. Ich bin in den letzten 15 Jahren die Definition von unsportlich geworden. Aber ich gehe gerne und stundenlang spazieren. Jetzt versuche ich – und ich schreibe diese Zeilen mit einem Augenrollen – endlich wieder ein wenig Sport zu machen. Na ja, das ist jetzt übertrieben. Ich denke jeden Tag daran, eine Chi-Session oder eine Art Yoga auszüben. Aus diesen Gedanken entstehen immer wieder die gleichen Fragen:

Bin ich gut zu mir?

Bin ich glücklich mit mir?

Wie kann ich mich glücklicher machen?

Wie schwer empfinde ich diese Aufgabe?

Brauche ich Hilfe bei dieser Aufgabe?

Glück wird oft von anderen abhängig gemacht. So schnell ist die Eigenverantwortung futsch. Hilfe annehmen, verhält sich wieder gegenteilig. Und das ist in Ordnung, weil wir daran arbeiten können. Alles was zu uns gehört oder vielleicht auch nicht zu uns gehört, will gefühlt werden.

Therapien jeglicher Art helfen uns dabei. Physiotherapie, Psychotherapie, Coaching, Lebenshilfe, spirituelle Kurse, etc.

Die Psychotherapie, die Coachings, und die spirituellen Trainings, vereinen gerne mehrere Bereiche, was wiederum deine persönliche Entwicklung bereichert. Ich habe vorhin schon einige Gemeinsamkeiten zwischen den Bereichen erwähnt. Das sind so wichtige und tolle Angebote für uns.

Wenn wir den Blickwinkel ändern, ihn auf uns selbst richten, dann sind Wunder möglich. Das mag jetzt etwas kitschig klingen, aber ich durfte es selbst erfahren. Deshalb möchte ich das mit dir teilen.

Das wahre Wunder ist deine innere Haltung und der Einklang mit all deinen Anteilen.

Die Wunder, von denen wir ab und an hören, passieren aus dem Einklang der Person, die in irgendeiner Form erkrankt war. Weil diese Person ihre Grenzen ausgeweitet, damit neue Erfahrungen möglich gemacht hat und etwas verändern konnte. Und warum Erfahrungen so wichtig sind, egal wie wir sie empfinden, besprechen wir jetzt.

Lernen aus Erfahrungen

»Die größte Entscheidung deines Lebens liegt darin, dass Du dein Leben ändern kannst, indem Du deine Geisteshaltung änderst.«
- Albert Schweitzer

Das »Lernen aus Fehlern« wurde uns beigebracht. Meistens zeitgleich wurde uns mitgeteilt, dass wir aber bloß keine Fehler machen sollen.

Somit wissen wir schon als Kinder nicht mehr, ob wir nun lernen sollen oder nicht.

Natürlich sollen und wollen wir lernen. Im Optimal-Fall mit Freude, oder?

Vielleicht hast du dir auch schon ein paar (neue?) Meinungen gebildet?

Es ist vielleicht nicht immer so einfach, wie es klingt. Dennoch viel leichter, als wir es uns ausmalen. Alles, was du heute kannst und schon gelernt hast, ist doch schon ein voller Erfolg. Alles, was du gerade lernst oder noch lernen wirst, auch. Denn es setzt eine Bereitschaft voraus. Wenn du diese Bereitschaft, Freude, Vorfreude, auf andere Dinge übertragen kannst, warum dann nicht auch auf dich selbst?

Danke, dass du dich mit dir auseinandergesetzt hast. 🎵

Lernen aus Erfahrungen. ☺

Wie? Soll das heißen, ich soll aus meinen Depressionen, meiner Angst, meinen Traumata, etwas lernen?
Ja, denn genau dafür sind sie da. Du kannst doch schon all das Schlechte und Negative sehen. Also warum nicht auf die Abenteuerreise gehen und das Positive darin finden wollen?
Pflanzen wir einen Baum, fürs Fragen stellen. Fragen sind positiv, da sie Interesse, Aufmerksamkeit und den Willen für Veränderungen spiegeln. 🎵

Deine Erfahrung mit einer psychischen, körperlichen oder geistigen Belastung, haben viele Menschen da draußen mit dir gemacht.
Unsere Erfahrungen sind auch teilweise eine To-do-List. Du kannst sie alle aufschreiben, und einen Haken dahintersetzen, sobald du etwas daraus für dich mitnehmen konntest, lernen konntest. Natürlich ist diese Liste länger, als wir es uns

vorstellen können. Und vielleicht schaffen wir auch nicht alle Punkte die darauf stehen. Aber die Bereitschaft, etwas daraus lernen zu *wollen*, ist der erste und wichtigste Schritt.

Du kannst diese Liste auch gerne selbst erweitern und fürs Bäumepflanzen einen Haken setzen. 🌱

Wenn du nur versuchst, aus all deinen bisherigen Erfahrungen etwas Positives zu ziehen, und dafür einen Baum pflanzt, hast du noch eine Erfahrung gemacht. Natürlich geht das nicht immer in dem Moment, wenn wir diese Erfahrung machen. Dafür sind manche dann doch zu schmerzvoll. Manchmal dauert es auch Jahre, bis man einer Erfahrung etwas Positives abgewinnen kann. Aber allein die aufrichtige Suche danach ist schon einen Baum wert (äh, etwas Positives). ☺

Kann ich aus den Erfahrungen von anderen lernen?

Ja und Nein.

Du kannst aus den Erfahrungen von den Menschen lernen, die ähnliche Erfahrungen gemacht haben, und jetzt so glücklich sind, dass du schon daran zweifelst, ob jene diese Erfahrungen wirklich gemacht haben.

Diese Menschen können als Coaches für dich fungieren.

Sie können dich trainieren, glücklich, selbstreflektiert und mutiger zu sein.

Innere negative Stimme abstellen?

Lass sie da. Aber fasse diese Gedanken, diese Stimme, als dein »altes ich« auf.

Akzeptiere sie, danke ihr, dass sie dich warnen, beschützen, oder was auch immer, will.

Aber glaube ihr nicht mehr alles.

Wir müssen und sollen nicht alles glauben, was wir denken.

»Ich denke, also bin ich.« – *René Descartes*

Du bist, was du denkst? Nein du bist viel mehr.

Aber du bist auch die Gedanken, denen du am meisten Gewicht gibst, die du am häufigsten denkst.

Gibst du also beispielsweise deiner Diagnose zu viel Gewicht, bestehst du nur aus dieser Diagnose. Du passt dich also an und schränkst dich in deinem Dasein ein. Nicht so toll, oder?

Die Diagnose ist ein Gedanke. Ein sehr hilfreicher Gedanke. Wenn du dich mit der Diagnose auseinandersetzt, ist das wie ein Bauplan. Sie besteht aus mehreren Facetten, die nicht alle auf dich zutreffen müssen. Somit hast du nur bestimmte Baustellen. Wenn du diese Baustellen sinnvoll nutzt, und etwas Positives für dich daraus ziehen kannst, dann bist du auf dem richtigen Weg.

»Wer immer tut, was er schon kann, bleibt immer das, was er schon ist.« – Henry Ford

Wir wissen, wenn wir etwas lernen wollen, geht es schneller, wenn wir ein Gefühl und eine Aktivität als Bezug haben. Egal ob diese nun gut oder schlecht eingestuft werden.

Wenn wir eine schlechte Erfahrung machen, mit dementsprechenden Gefühlen dazu, bekommt der IQ uneingeschränkten Zugriff darauf.

Der IQ zieht aus dieser Erfahrung dann Schlüsse und speichert sie, wenn seiner Meinung nach nötig, mit Alarmglocken oder auch Entwarnungen ab. Komplexe Sache. Und wir wollen hier auch keinen Raum für fachliches Gefasel aufmachen. Aber gewisse, kurze Erklärungen sind sehr hilfreich. Wenn du etwas mit dem EQ lernst, prägt es dich auch ganz anders.

Beispiele:

Liebeskummer: Du kennst ihn, ich kenne ihn, wir alle kennen ihn. Der EQ hat hier mal wieder eine weit verbreitete Arschlocherfahrung machen dürfen. Und er macht sie meistens sogar öfter. Warum? Weil der IQ hier manchmal trickst.
Bei manchen speichert er ab: Die sind alle doof. Sind sie zwar nicht, aber er speichert es so. Somit suchen sich diese Menschen, obwohl sie es nicht wollen, öfter die gleiche Sorte »doof« aus.

Trauer/Verlust: Hier funktioniert es genauso. Bei manchen speichert der IQ ab: Alle lassen mich allein, niemand gibt mir Halt.

Hass: Auch hier gleiches Schema. Durch eine Verletzung im Außen passiert schnell ein: Alle sind gegen mich. Schlimmstenfalls entwickelt man noch einen ungesunden Selbsthass, der sich rasend schnell in den Alltag integrieren lässt. Ganz doof.

Wut: Wut entsteht aus einer Unzufriedenheit. Und daraus kann der IQ speichern: Keiner versteht mich, ich versteh die anderen nicht, ich versteh mich selbst nicht, etc. Gar nicht weiter schlimm, denn all diese Begriffe, so schlimm sie auch zeitweise sein mögen, gehören zu uns dazu und haben ein Recht darauf gelebt zu werden. Nicht in der Form, dass wir es körperlich oder verbal an anderen Menschen ausleben, sondern indem wir damit arbeiten und es in etwas Positives umwandeln.

Negativer Stress: Negativer Stress ist ein eigenes Gefühl, denn positiver Stress fühlt sich meist nicht anstrengend an. Aus negativem Stress wird eine grundlegende Erschöpfung abgespeichert, die den Geist gleich mit blockiert. Positiver Stress treibt dich an, kann aber auch verhängnisvoll sein, wenn du nicht achtsam mit dir umgehst. Ein achtsamer Umgang mit sich selbst hat immer Priorität.

Überleben: Puh, jetzt gehts nochmal ans Ei(ge)ngemachte. Wenn uns etwas wirklich Traumatisches passiert, oder wir uns wiederholt etwas einreden, dann entsteht irgendwann eine innere Leere. Eine Gefühlskälte.

Das ist der Moment, in dem wir unserem EQ die Existenzberechtigung abgesprochen haben.

Gehirn und Körper haben den reinen Überlebens-modus übernommen, um uns vor unseren Erfahrungen zu schützen. Sie holen uns nur trotzdem irgendwann wieder ein. Denn dein Überlebens-modus funktioniert nur begrenzt.

Du hast diesen Überlebensmodus nur in diesem Moment gebraucht. Du brauchst ihn jetzt nicht mehr und somit auch keine innere Leere.

Natürlich denkst du, dass du dic innere Leere benötigst, dich schützen musst. Das ist auch okay. Aber es dient dir jetzt nicht mehr, sondern ist ein Problem geworden. Lerne bitte aus dieser Erfah-rung und suche dir Unterstützung. Der Kampf und die innere Leere, werden dadurch ein Ende haben. Hol dir deinen EQ und damit deinen wahren Selbstschutz zurück! Denn du weißt sehr genau, was dir wirklich guttut. Manchmal hast du es vielleicht nur vergessen unter all dem Schmerz und Leid. All den negativen Gedanken und den wiederkehrenden Situationen, die dich dort noch tiefer hineinstürzen.

Wir sind nicht auf alle diese Gefühle gleich anfällig. Je nach Erfahrung und Stärke des Gefühls hast du dich vielleicht nur in einem Punkt wieder gefunden. Das waren jetzt nur wenige Beispiele. Wir haben unendlich viele Gefühle. Manche können wir nicht mal richtig deuten, in Worte fassen.

Wir können also sehr gut aus Erfahrungen lernen. Auch von den Erfahrungen anderer können wir lernen, aber auch nur bis zu einem gewissen Alter. Aber egal, ob du nun eine Erfahrung und Meinung zu etwas hast oder nicht. Ich möchte dir ins Bewusstsein rufen, dass wir nicht mit allem alleine umgehen *müssen*. Es gibt Menschen, die Therapie ablehnen. Das ist völlig in Ordnung. Solltest du aber dazu gehören, frage dich doch mal, warum.

Ziehst du dir auch Ausreden aus der Nase, weil du Angst vor deinen Themen hast?

Weil du Angst davor hast, dich mit dir selbst und allem, was zu dir gehört, auseinandersetzen zu müssen?

Weil du dich in Wahrheit dir selbst nicht öffnen willst?

Spürst du vielleicht einen Widerstand, der die bisherigen Fragen repräsentiert?

Bist du bereit, *dein* Ei(ge)ngemachtes anzusehen?

Wenn nicht, möchte ich dich auch hier nochmals daran erinnern, dass du das auch gar nicht musst. Versuche dich, für ein besseres Leben zu entscheiden, dann kannst du daran in der Therapie schon einmal arbeiten.

Zufriedenheit, Ankommen, Glück, Gesundheit

»Wenn ich mein Leben noch einmal leben könnte, würde ich die gleichen Fehler machen. Aber ein bisschen früher, damit ich mehr davon habe.«
– Marlene Dietrich

Wie lösen wir jetzt dieses Dilemma auf?

Ich bin und bleibe ein Freund von *miteinander* und *füreinander*.

Wenn man ein Haus bauen will, nimmt man Unterstützung an.

Wenn man das Haus sanieren oder renovieren will, nimmt man Unterstützung an.

Wenn man irgendetwas plant, worin man selbst keine Erfahrung hat und das beste Tutorial-Video nichts daran ändern kann, nimmt man Unterstützung an. Streng genommen ist aber auch das Tutorial-Video eine Unterstützung. Wenn wir uns miteinander beschäftigen, können wir uns stärken. Und wenn wir füreinander da sind und uns selbst und anderen weiterhelfen, sind wir uns miteinander eine Stütze. Es soll wieder eine Selbstverständlichkeit werden und dazu müssen wir alle unseren Beitrag leisten. Egal ob fremd oder bekannt.

Zufriedenheit, Ankommen, Glück, Gesundheit. All diese Dinge und noch mehr, sind bereits in dir vorhanden. Sie warten nur darauf, entdeckt zu werden. Viele suchen diese Dinge im Außen und sind dann enttäuscht, wenn sie wegfallen, gehen, oder eben nicht gefunden werden. Du brauchst dieses wackelige Baugerüst nicht. Dein Haus steht und hat alles, was es braucht.

Das Gefühl, angekommen zu sein, ist eine Illusion. Du bist längst angekommen. Wenn du dieser Illusion hinterherjagst, ist dein Leben irgendwann vorbei und du hast es verpasst. Du hast auf dem wackeligen Gerüst von anderen gestanden.

Daher nimm dir die Zeit, komme an, komme bei dir an. Sei glücklich und dadurch auch gesund. Wenn du merkst, dass du etwas nicht verarbeiten kannst, nicht mehr weiter weißt, verzweifelt bist, suche dir einen für dich passenden Therapieplatz. Niemand kann dir dein Glück geben. Und niemand kann es dir nehmen. Und wenn du unglücklich bist, ist es nur ein überdeutliches Zeichen, dass du etwas verändern solltest.

Du hast bestimmt viele Fragen. Du darfst sie auch alle stellen. Nicht mir, da ich dich, wie gesagt, nicht kenne.

Ich habe hier nur meine Erfahrungen und einen Teil meines Weges mit dir teilen dürfen.

Meine Grundformel kann vielen eine Hilfe sein, oder auch nicht. Ich weiß es nicht.

Aber wenn ich mit diesem Buch nur einer einzigen Seele da draußen weiterhelfen konnte, hat es sich doch schon gelohnt!

Deine Erfahrungen sind dein Schatz. Wenn du diesen Schatz einstauben lässt, statt damit zu arbeiten, etwas Neues zu schaffen, bleibt dein Leben unverändert. Wenn du aus Erfahrungen lernen willst, poliere deine Münzen, sieh sie dir an, bewundere sie! Diese Schatztruhe gefüllt mit Gold, will gesehen und gelebt werden. Und wir haben alle diese Truhe. Also keine Ausreden. ☺

Von Mensch zu Mensch.
Tara

Leseprobe

Ich bin ein Haus

»Ich bin ein Haus.«, sagte Freud.

Viele seiner Theorien und Methoden sind umstritten, ebenso wie sein eigenes Wesen.

Dennoch hat er für uns die Psychologie erforscht.

Aber um ihn soll es hier nicht gehen.

Hier geht es allein darum, was Therapie ist, was eine gute Therapie ausmacht und was sie – ungeachtet des Zeitraums, in dem man intensiv an sich arbeitet – mit einem guten Psychologen an Erfolgen erzielen kann. Ich kann dir nicht sagen, wer ein guter Psychologe ist.

Das muss jeder für sich selbst entscheiden.

Aber ich kann und möchte dir berichten, was auf dich zukommt, wenn Du dich auf eine Therapie einlässt. Ganz gleich, ob Du bald den ersten Therapietermin in Deinem Leben, oder schon Erfahrung damit haben solltest.

In diesem Bericht geht es um ein Haus.

Mein Haus.

Mein Haus

Es war still. Beruhigend still.

Nein, unheimlich.

Ich konnte mich nicht entscheiden.

Ich sollte Kaffee machen und in den zwölften
Stock fahren. Da soll es eine schöne
Sonnenterrasse geben. Habe ich gehört.

Zuerst machte ich mir aber Kaffee.

Die Maschine dröhnte, dann war es wieder still.

Ich hörte jeden einzelnen Tropfen, der in die
Tasse fiel. Es duftete herrlich.

Achtsamkeit. So nannte man es.

Ich nahm die Tasse und wollte zum Aufzug.

Ein Zettel mit dicken Buchstaben verkündete mir,
dass der Aufzug defekt war. Den Zettel hatte ich
selbst geschrieben. Vor sehr langer Zeit.

Ich könnte die Treppe nehmen. Aber auf dem
Weg in den ersten Stock war dieses riesige Loch.

Darüber springen, war unmöglich. Und nach oben
ging es ja auch noch. Nein.

Dann bleibe ich eben hier unten.

Wie immer. Im Kalten, Dunklen. Ich spürte eine Gänsehaut an den Armen und ekelte mich.

Ein Kratzen erschreckte mich.

Das war es.

Ob es wieder aus dem Keller kam?

Den Keller betrat ich nie. Das Licht ging dort nicht, die Wände waren schimmlig und es stapelte sich jede Menge Dreck, Unordnung und das nackte Grauen. Die Tür, die zum Keller führt, war ebenfalls verschlossen. Immer.

Genau wegen diesem Geräusch.

Es wurde lauter. Ein Schrei ertönte, der Boden vibrierte. Mir wurde eiskalt.

Eine Schweißperle löste sich von meiner Stirn und bahnte sich einen kurvigen Weg durch mein Gesicht.

Ich musste hier weg. Aber wohin?

Ins Wohnzimmer. Ich ging ins Wohnzimmer.

Stille. Kein Kratzen, kein Geschrei. Ich setzte mich auf die Couch, die Angst breitete sich aus. Dort unten lebte ein Monster. Und ich tat mein Bestes, dessen Aufmerksamkeit nicht auf mich zu lenken. Ich umklammerte meine Tasse, trank einen großen Schluck.

Und noch einen.

Meine Fingerknöchel waren weiß, so fest hielt ich die Tasse. Das Kratzen setzte wieder ein.

Ich hielt die Luft an.

Es hatte keinen Sinn. Das Geschrei wurde lauter, kreischender. Wenn ich doch nur in die anderen Stockwerke käme. Im 12. Stock würde ich dieses Monster bestimmt nicht mehr hören. Ich sollte einen Handwerker oder einen Gutachter anrufen. Ich musste diesem Wesen endlich entkommen.

Ich stand auf, stellte mit zittrigen Fingern die Tasse weg, um die sich meine Finger gekrampft hatten. Ich nahm mein Handy.

Ein Handwerker wäre gut. Also rief ich einen Handwerker an.

Dieser kam leider schon eine Woche später.

So wenig Vorbereitungszeit. Ich überlegte, ihm abzusagen. Nein. Ich freute mich, oder?

Endlich würde jemand dieses Gebäude in Schuss bringen.

Zehn Minuten später wollte ich ihm absagen.

Zwei Tage später, in denen ich meine Meinung fast minütlich geändert hatte, entschied ich mich wieder dagegen. Endgültig, wie ich mir einredete.

Der Tag, an dem der Handwerker kam, rückte unaufhaltsam näher. Ich hatte ein Wechselbad der Gefühle, dass sich nicht in Worte fassen ließ.

Ich schlief schlecht.

Das Monster war in diesen Tagen aktiver als in den letzten Jahren. In der Nacht, vor dem Termin – den ich überraschenderweise noch nicht abgesagt hatte – war alles still.

Das Monster war einen ganzen Tag lang und auch die komplette Nacht still. Als ob es sich in Luft aufgelöst hätte. Ich überlegte, ob ich den Handwerker überhaupt noch brauchen würde, wenn das Monster doch nun endlich in dem stinkenden Keller erstickt war. Es war so erleichternd. Ich beschloss morgens, den Handwerker zu fragen, ob er einfach nur den Aufzug reparieren könnte.

Dann könnte ich in den 12. Stock.

Alles andere brauchte ich nicht.